Pouyan Vahabi-Shekarloo

Kriegführung und Kriegsziele der Entente - Die Kriegsziele Großbritanniens

GRIN - Verlag für akademische Texte

Der GRIN Verlag mit Sitz in München und Ravensburg hat sich seit der Gründung im Jahr 1998 auf die Veröffentlichung akademischer Texte spezialisiert.

Die Verlagswebseite http://www.grin.com/ ist für Studenten, Hochschullehrer und andere Akademiker die ideale Plattform, ihre Fachaufsätze und Studien-, Seminar-, Diplom- oder Doktorarbeiten einem breiten Publikum zu präsentieren.

Dokument Nr. V109655 aus dem GRIN Verlagsprogramm

Pouyan Vahabi-Shekarloo

Kriegführung und Kriegsziele der Entente - Die Kriegsziele Großbritanniens

GRIN Verlag

Bibliografische Information Der Deutschen Bibliothek: Die Deutsche
Bibliothek verzeichnet diese Publikation in der Deutschen Nationalbibliografie;
detaillierte bibliografische Daten sind im Internet über http://dnb.ddb.de/
abrufbar.

1. Auflage 2005
Copyright © 2005 GRIN Verlag
http://www.grin.com/
Druck und Bindung: Books on Demand GmbH, Norderstedt Germany
ISBN 978-3-640-11644-7

HISTORISCHES SEMINAR
DER RHEINISCHEN FRIEDRICH-WILHELMS UNIVERSITÄT
BONN

Hauptseminar:
Der Erste Weltkrieg

Wintersemester 2004/05

**Kriegführung und Kriegsziele der Entente-
Die Kriegsziele Grossbritanniens**

Vorgelegt von:

Pouyan Vahabi-Shekarloo

9. Semester
HF: Politische Wissenschaft
NF: Neuere Geschichte, Öffentliches Recht

Inhaltsverzeichnis:

I. Einleitung:

II. Die europäische Diplomatie vor dem Ersten Weltkrieg. Grossbritanniens Weg von der „*splendid Isolation*" zur „Triple Entente"

III. Kriegsbeginn und britische Kriegsziele: Europa und die Welt

   1) Europa

      a) Das Deutsche Reich und der preussische Militarismus
      b) Die Doppelmonarchie und der Vielvölkerstaat

   2) Die globale Sicht

      a) Des Kaisers Flotte und die deutschen Kolonien
      b) Das Osmanisches Reich, der „kranke Mann" vom Bosporus

IV. Die Hintergründe der britischen Kriegsziele. Die Politik der „*Balance of Power*" in Europa und die Sicherung des Empire nach dem Prinzip des „*divide et impera*"

   1) Frankreich, der ehemalige Erzfeind
   2) Russland, der expansive Koloss

VI. Schussfolgerung

I. Einleitung:

„*Wir haben keine Verbündeten auf Ewigkeit und wir haben keine dauerhaften Feinde. Unsere Interessen sind immerwährend. Und diese Interessen zu beachten ist unsre Pflicht.*"[1]

Mit diesem Worten beschrieb der britische Aussenminister Palmerston die aussenpolitischen Ansätze Grossbritanniens nach den Grundsätzen der Realpolitik zu Mitte des neunzehnten Jahrhunderts, die aber noch im Ersten Weltkrieg für alle britischen Regierungen Gültigkeit besitzen sollten. Im Jahre 1914 während des Ersten Weltkrieges, strebten die verantwortlichen Politiker, Diplomaten und Militärs einen Friedensschluss an, der die zukünftige Sicherheit Britanniens und ihres „Empire" gewährleisten sollte. Am 4. August 1914 trat Grossbritannien an der Seite seiner Bündnispartner Frankreich und Russland in den Krieg ein. Die Ziele Großbritanniens waren die Wiederherstellung Belgiens und die Zurückdrängung Deutschlands. Die Briten waren den langfristigen Zielen ihrer Alliierten gegenüber genauso misstrauisch eingestellt wie seinen Feinden.[2] Die Ententen von 1904 und 1907 mochten die imperialen Rivalitäten mit Frankreich und Russland gedämpft haben, aber sie hatten sie nicht aus der Welt geschafft.[3] Dieses verbleibende Misstrauen hatte massgeblichen Einfluss auf die Gestaltung der britischen Kriegsziele während des Ersten Weltkrieges. Grossbritannien strebte eine Friedensregelung an, die einerseits Deutschland schwächen sollte, aber andererseits sicherstellen musste, dass weder Frankreichs noch Russlands Macht auf dem Kontinent über Gebühr gestärkt würden. Dies hätte das europäische Gleichgewicht gefährdet und somit die Sicherheit Großbritanniens beeinträchtigt. In Londons Augen hätte es wenig Nutzen gehabt, wenn sie die deutsche Gefahr beseitigten und dadurch eine andere aufkommen ließen.[4]

Der bestimmende Faktor, der die britische Strategie leitete, war die gemeinschaftliche Kriegführung in einer Koalition, der Entente. Grossbritannien war hauptsächlich eine maritime Grossmacht, und seine Armee war die drittstärkste unter den Alliierten. Die Briten nahmen an, dass die grösste Last des Kontinentalkrieges auf Frankreich und Russland fallen würde.[5] Ihre Hauptaufgabe durch die Royal Navy sollte dann darin bestehen, die Seewege der Mittelmächte zu blockieren und ihre eigenen Verbündeten wirtschaftlich und finanziell zu

---

[1] Zitat nach Henry J. T. Palmerston, britischer Aussenminister In: Henry A. Kissinger: Die Vernunft der Nationen. Über das Wesen der Aussenpolitik, New York 1996. S. 98.
[2] Vgl. David French: British Strategy and War Aims 1914-1916, London 1986. S. 7.
[3] Siehe dazu: David French: Allies, Rivals and Enemies: British Strategy and War Aims during the First World War. In: John Turner (Ed.): Britain and the First World War, London, Boston 1988. S. 23.
[4] Vgl. David French: The Strategy of the Lloyd George Coalition 1916-1918, New York 1995. S. 3-4.
[5] „ *England kann seine Ziele allein auf dem Kontinent nicht erreichen. Es muss Verbündete haben, derer es sich als Instrumente bedienen kann.*" Zitat nach Henry J. T. Palmerston, britischer Aussenminister im 19. Jhdt. zu Englands Rolle als grosse Seemacht ohne stehendes Heer In: Henry A. Kissinger: a.a.O. S. 101.

unterstützen.[6] Grossbritannien wäre bei einem solchen Kriegsverlauf der einzige Kriegsteilnehmer gewesen, der am Ende mit grossen Mannschaftsreserven aus dem Krieg herausgekommen wäre. Die Überlegung war mit diesen Truppen, nachdem die Bündnispartner und die Mittelmächte sich blutig bis zur Erschöpfung bekriegt hätten, an der Westfront zu intervenieren, um den Mittelmächten eine endgültige Niederlage beizubringen. Schliesslich konnten die Angelsachsen ihre eigenen Friedensbedingungen sowohl ihren Feinden als auch ihren Alliierten auferlegen.[7]

Diese Arbeit befasst sich mit den Kriegszielen Grossbritanniens und deren Hintergründen während des Ersten Weltkrieges. Zum genaueren Verständnis der britischen Kriegsziele ist es unabdingbar, die Vorkriegsbeziehungen Londons zu den Alliierten darzustellen. Daher wird im ersten Kapitel die Vorgeschichte des Ersten Weltkrieges im Lichte der Beziehungen zwischen den drei Mächten der Entente – und deren Beziehungen wiederum zu Deutschland, soweit es von Relevanz ist – dargelegt. In den darauf folgenden Kapiteln sollen die Kriegsziele der „offiziellen"[8] britischen Seite gegenüber den Mittelmächten und ihren Alliierten erläutert werden.[9] Die Kriegsziele werden hierbei systematisch und nicht chronologisch bearbeitet. Ebenfalls wird die Kriegführung nur am Rande der Arbeit angerissen, die sich sonst vollkommen auf das Thema der Kriegsziele konzentriert. Im letzten Kapitel soll eine Schlussbetrachtung die Ergebnisse der Arbeit zusammenfassen und ein Resümee ziehen. Dabei soll die Frage beantwortet werden, warum Grossbritannien, obwohl es weniger als seine Alliierten vom Krieg betroffen war und auch sonst keine Ansprüche an das Deutsche Reich stellte, trotzdem die treibende Kraft hinter der Entente war, die kompromisslos einen Siegfrieden durchzusetzen anstrebte.

Auf Grund der Breite und der Komplexität des Themas erhebt diese Arbeit keinen Anspruch auf Vollständigkeit. Auf innenpolitische Entscheidungsfaktoren und wirtschaftliche Kriegsziele[10] Grossbritanniens wird hier nicht eingegangen. Die verschiedenen Kriegsziele

---

[6] Vgl. David French: British Strategy and War Aims. a.a.O. S. 14.
[7] David French: The Meaning of Attrition, 1914-1916. In: English Historical Review 103/407, 1988. S. 385-405.
[8] Gemeint sind die Zielsetzungen der politischen Elite, wie die der Politiker, Diplomaten und Militärs und weniger die der Interessengruppen, oder die der öffentliche Meinung.
[9] Die Kriegszieldebatte während des Krieges wurde als die Konkurrenz zweier Schulen beschrieben, die „Westerners" und die „Easterners". Die wahre Unterteilung jedoch verlief zwischen denen wie Reginald Mckenna (Home Secretary und Chancellor of the Exchequer) in der Asquith Regierung von 1914-1916, die den Standpunkt vertraten, dass Grossbritannien ihre Bündnispartner dadurch am besten helfen könnte, indem Sie die Zahl ihrer eigenen Soldaten reduzieren würde und Geld und Equipment für die Alliierten bereitstellte, und denen wie Robertson und Lloyd Georg die im Sommer 1915 es geschafft hatten eine Wehrpflichtarmee aufzustellen, um ihren Bündnispartnern zu zeigen, dass Grossbritannien sie nicht im Stich lassen würde. Vgl. David French: Allies, Rivals and Enemies a.a.O. S. 24-25.
[10] Einen sehr guten Artikel über die britischen Wirtschaftsziele findet sich bei Matthias Peter: Britische Kriegsziele und Friedensvorstellungen. In: Wolfgang Michalka (Hrsg.): Der Erste Weltkrieg. Wirkung, Wahrnehmung, Analyse, München 1994. Und V. H. Rothwell: British War Aims and Peace Diplomacy 1914-1918, Glasgow 1971. S. 266-282.

der anderen Kriegsbeteiligten werden nicht behandelt, da dies den Rahmen dieser Arbeit sprengen würde und jeder dieser Faktoren für sich eine eigene und ausführlichere Bearbeitung bedürfte. Zum diplomatiegeschichtlichen Forschungsstand ist zu sagen, dass die Erörterung der britischen Kriegsziele in der geschichtswissenschaftlichen Forschung des Ersten Weltkrieges von Anfang an eine zentrale Stellung einnahm. Neben den Ursachen des Kriegsausbruchs und der Kriegserklärung Londons am 4. August 1914, der Heeres- und Flottenreform, dem von gegenseitigem Misstrauen geprägten Verhältnis zwischen Politikern und Militärs, den militärischen Operationen sowie den Auswirkungen des Krieges auf die britische Gesellschaft richtete sich das Augenmerk der Historiker vor allem auf die Frage der von Whitehall im Laufe der militärischen Auseinandersetzungen verfolgten Ziele.[11] Die zahlreichen Erinnerungen und Nachlässe wichtiger politischer und militärischer Entscheidungsträger, die rasch publizierten amtlichen Akteneditionen zum Kriegsausbruch, die Veröffentlichung der Geheimabkommen, welche die Entente-Mächte im Verlaufe des Krieges abschlossen sowie die zahlreichen Friedensnoten lenkten naturgemäss den Blick auf die Kriegszielerklärungen der Politiker und Militärs sowie auf geheime „Friedensfühler". Das so entstandene Bild konnte nach der Offenlegung des gesamten Aktenmaterials 1965/67 erheblich differenziert werden, blieb aber weitgehend im Rahmen traditioneller Kriegszielforschung. Bereits Mitte der achtziger Jahre konnte von einer inzwischen gründlich erforschten britischen Kriegszielpolitik gesprochen werden.[12]

Diese Arbeit bedient sich zur Darstellung der britischen Kriegszielpolitik zahlreicher Quellen. Zur Vorgeschichte dienen die Werke von Imanuel Geiss: „Der lange Weg in die Katastrophe" und Henry Kissingers: „Die Vernunft der Nationen" als umfassende und ausführliche, aber auch analytische Darstellungen der Ereignisse und Zusammenhänge. Als Standardwerke sind des Weiteren zu benennen, David Frenchs: „British Strategy and War Aims 1914-1916" und V. H. Rothwells: „British War Aims and Peace Diplomacy 1914-1918". Beide Werke geben einen ausgezeichneten Überblick über die Kriegszieldebatte und über die verschiedenen Einflussfaktoren, die auf die Entscheidungsträger eingewirkt haben. Weiterhin wurde David Stevensons: „The First World War and International Politics" und Z. A. B. Zemans: „A Diplomatic History of the First World War" herangezogen, die sehr gut die britische Kriegszielpolitik gegenüber den einzelnen Kriegsparteien und Weltregionen darstellen. Sehr nützlich erwies sich für den Autor auch die „Enzyklopädie Erster Weltkrieg".

---

[11] Siehe Peter Simkins: Britain and the First World War. A Review of Recent Historiography In: Jürgen Rohwer (Hrsg.): Neue Forschung zum Ersten Weltkrieg. Literaturberichte und Bibliographien von 30 Mitgliedstaaten der „Commission Internationale d'Histoire Militaire Comparée", Koblenz 1985. S. 145-161.
[12] Siehe Gregor Schöllgen: Das Zeitalter des Imperialismus, München 1986. S. 163.

II. Die europäische Diplomatie vor dem Ersten Weltkrieg – Grossbritanniens Weg von der „*splendid Isolation*" zum „Triple-Entente":

In den zwanzig Jahren nach Bismarcks Entlassung bewirkte Deutschland tief greifende Veränderungen im europäischen Bündnissystem. Zur Zeit des „*Scramble for Africa*", hatten Frankreich und Grossbritannien kurz vor einem Krieg gestanden, als ihre Truppen 1898 bei Faschoda aufeinander stiessen. Nahezu das ganze neunzehnte Jahrhundert über standen sich Grossbritannien und Russland als Rivalen und Feinde gegenüber, wenn es darum ging die eurasische Landmasse zu erobern oder zumindest unter der jeweiligen Einflusssphäre zu bringen. Damals suchte London für lange Zeit nach einem Verbündeten, um gemeinsam gegen Russland vorzugehen, oder es zumindest in Schach zu halten. Niemand hätte sich vorstellen können, dass eines Tages Grossbritannien, Frankreich und Russland zusammen auf derselben Seite in einem Bündnis stehen würden.[13] Zehn Jahre nach Bismarcks Sturz wurde dies unter dem Einfluss eines aufstrebenden und aggressiven Deutschlands doch der Fall.[14]

Bis zum Beginn des zwanzigsten Jahrhunderts handelte die britische Aussenpolitik gemäß einem Grundsatz, der schon damals von Zeitgenossen als „*splendid isolation*", Grossbritanniens Bündnisfreiheit, beschrieben wurde. Grossbritannien hatte sich traditionell aus allen Bündnissen heraus gehalten, um sich alle Optionen freizuhalten.[15] London war das ausgleichende Element auf dem europäischen Schauplatz, dessen Rolle darin lag, jede Macht oder Koalition daran zu hindern, eine Vormachtstellung in Europa zu erlangen. In den Jahren 1890 bis 1914 sollte sich jedoch ein aussenpolitischer Wandel vollziehen. Obwohl noch immer im Besitz einer Führungsposition, verlor das Land allmählich die Vormachtstellung, die es noch um die Mitte des Neunzehnten Jahrhunderts besessen hatte. In wirtschaftlicher Hinsicht wurde Großbritannien bereits von Deutschland und den Vereinigten Staaten (USA) ein- und dann überholt. Hinzu kam noch, dass Frankreich und Russland ihre imperialen Positionen ausgebaut hatten und überall das britische Empire herausforderten.

Die traditionelle Kolonialpolitik des Empire sollte dennoch fortgesetzt werden wie bisher. Diese beinhaltete einen harten Kurs auf weltpolitischer Ebene. Auf dem europäischen Kontinent allerdings sollte eine vorsichtige Beteiligung an Bündnissen gewagt werden, die bei einer Störung des kontinentalen Gleichgewichts durch einen Aggressor England in die Pflicht

---

[13] Vgl. Niall Ferguson: Der Falsche Krieg. Der Erste Weltkrieg und das 20. Jahrhundert, München 2001. S. 74.
[14] Vgl. Henry A. Kissinger: a.a.O. S. 181.
[15] Ebd. S. 186 und Niall Ferguson: a.a.O. S. 115-120. „*England sollte die Mittel vollständig in der Hand behalten, seine Verpflichtungen gegenüber anderen Staaten nach den sich ergebenden Tatsachen zu richten; es sollte die Freiheit seiner Wahl nicht vorher blockieren, oder einengen durch Erklärungen an andere Mächte – seien sie in deren wirklichem oder vermeintlichem Interesse -, die diese Mächte selbst zu interpretieren beanspruchen könnten.*" Zitat nach William E. Gladstone in einem Brief an Königin Victoria In: Henry A. Kissinger: a.a.O. S. 99.

nehmen würde. Immer deutlicher geriet das Empire im Nahen und Fernen Osten von Russland und in Afrika durch Frankreich in Bedrängnis. Hinzu kam noch das Deutsche Reich, das sich anschickte, selbst zu einer Kolonialmacht aufzusteigen.[16]

Diese drei sich feindlich gesinnten Grossmächte lieferten sich auf dem europäischen Kontinent häufig Auseinandersetzungen, aber alle drei kollidierten in ihren Überseegebieten mit dem Einflussbereich Grossbritanniens. Das britische Imperium beherrschte damals bereits ein Viertel der Welt und wollte die übrig gebliebenen Weltregionen, die noch nicht erobert waren, auch in ihr Herschaftsgebiet einverleiben oder doch zumindest nicht zulassen, dass andere Mächte sie eroberten. Dabei hatte London den Persischen Golf, China, die Türkei und Marokko im Sinn. Zwischen 1890 und 1900 kam es zu zahlreichen Konflikten mit Russland, hauptsächlich um Afghanistan, die türkischen Meerengen und Nord-China.[17] Mit Frankreich gab es Probleme im Bezug auf Ägypten und Marokko.[18]

Im Jahre 1891 hatten Frankreich und Russland den „Zweibund" unterzeichnet, mit dem sich beide Staaten diplomatische Unterstützung gegenüber Deutschland zusicherten.[19] Da Russland aber immer noch England als seinen Hauptrivalen ansah, überredete es Frankreich durch eine Erweiterung des Abkommens, Russland auch in Falle eines Kolonialkonflikts mit Grossbritannien diplomatische Unterstützung zu gewähren.[20] Auf der anderen Seite kam es ein Jahr zuvor zwischen Deutschland und England zu einem Kolonialabkommen, das eigentlich einen kolonialen Austausch beinhaltete.[21] London sah in dem Abkommen vornehmlich ein Mittel zur Regelung seiner Kolonialprobleme in Afrika, aber keinen Bündnisvertrag. Berlin betrachtete es als Vorstufe zu einem deutsch-englischen Bündnis, und Russland deutete es sogar als Englands ersten Schritt in Richtung auf den Dreibund. Hundertfünfzig Jahre hatte sich England zu nicht mehr als allgemeinen Übereinkommen verpflichtet. Durch diese liessen sich auf diplomatischer Ebene Fragen

---

[16] Vgl. Henry Kissinger: a.a.O. S. 189-190.
[17] David French: British Strategy and War Aims. a.a.O. S. 7.
[18] Um Russland den Weg in Richtung Indien zu versperren, musste sich das Empire Russland in Afghanistan und Tibet entgegen stellen. Das Osmanische Reich sollte als Akteur der Gleichgewichtspolitik beibehalten werden, damit die Meerengen nicht in die Hände Russlands fielen, wodurch St. Petersburg Englands Zufahrtswege ins Schwarze Meer hätte blockieren können. Auch die Erdölfunde in Persien und ihre Mittelstellung auf dem Weg nach Indien sollten von jeglicher Inbesitznahme einer anderen Macht beschützt werden. Mit der Errichtung eines Protektorats in Ägypten wurde die Missgunst Frankreichs herauf beschworen, das Anteile am Suez-Kanal hatte und selbst mit der Kolonisierung Ägyptens liebäugelte. Streitigkeiten kamen auch wegen Marokko auf, das von Frankreich beansprucht wurde.
[19] Siehe Imanuel Geiss: Der lange Weg in die Katastrophe. Die Vorgeschichte des Ersten Weltkrieges 1815-1914 München, Zürich 1990. S. 184-185.
[20] Siehe Kissinger: a.a.O. S. 191.
[21] Im Jahr 1890 erwarb Grossbritannien von Deutschland die Nilquellen sowie Gebiete in Ostafrika einschliesslich Sansibars. Als Gegenleistung erhielt Deutschland den so genannten Caprivi-Streifen, einen Landstrich zwischen Südwest-Afrika und dem Sambesifluss, sowie die Nordseeinsel Helgoland, dem strategischer Wert zugemessen wurde. Siehe Henry A. Kissinger: a.a.O. S. 190.

erörtern, die für beide Seiten von Interesse waren, denn London wollte nur dann kooperieren, wenn seine eigenen Interessen berührt waren. Schliesslich hätte auch eine vertragliche Übereinkunft mit Deutschland die Entfremdung Grossbritanniens auf der einen und Frankreich sowie Russland auf der anderen Seite verfestigt, zumindest aber den Prozess einer eventuellen Annährung sehr kompliziert gemacht. Ein weiteres und signifikanteres Thema war die deutsche Flottenrüstung, und nichts hätte Grossbritannien wirkungsvoller in einen unerbittlichen Feind verwandeln können als die Bedrohung seiner Vorherrschaft zur See.[22] Genau das aber taten die Deutschen, anscheinend ohne Bewusstsein dafür, dass ihre Flottenrüstung sie in den Augen Großbritanniens zu einem Rivalen machte. Am Ende machte Deutschland somit auch Grossbritannien zu seinem Gegner.[23]

Dennoch war es nicht das Deutsche Reich, das Grossbritannien die meisten Sorgen machte, sondern Frankreich und Russland, die in Ägypten und Zentralasien auf das Empire Druck ausübten. Die führende Elite begann darüber nachzudenken, was geschehen würde, wenn diese Mächte sich eines Tages entschliessen sollten, gemeinsame Sache zu machen und das Empire in China, Afghanistan oder in Afrika angreifen würden.[24] Und was wäre, wenn die Deutschen sich entschliessen sollten, mit ihnen gemeinsam einen Angriff auf das Empire in Südafrika zu starten?[25] 1902 suchte Grossbritannien im außereuropäischen Rahmen nach einem Verbündeten und schloss zur Verblüffung der Europäer eine Allianz mit Japan. London und Tokio einigten sich darauf, neutral zu bleiben, falls einer von beiden von einer anderen Macht in einen Krieg um China oder Korea verwickelt würde. Gegenseitige Unterstützung sollte nur im Falle von zwei Angreifern, den Partner zum Eingreifen verpflichten. Da das Bündnis nur dann aktiv würde, wenn Japan zwei Gegnern ausgeliefert war, verfügte Grossbritannien endlich über einen Verbündeten, der entschlossen schien, Russland im Zaum zuhalten, ohne Grossbritannien in Verwicklungen mit Dritten zu verstricken.[26]

Einhundertfünfzig Jahre lang hatte Großbritannien Frankreich, als die grösste Gefahr für das europäische Gleichgewicht betrachtet und sich ihm mit deutscher Unterstützung, meist im Verbund mit Österreich, gelegentlich aber auch mit Preussen, entgegengestellt. Auf dem

---

[22] Vgl. John Keegan: Der Erste Weltkrieg: Eine Europäische Tragödie, Berlin 2000. S. 33.
[23] Henry A. Kissinger: a.a.O. S. 195-196.
[24] Vgl. Imanuel Geiss: a.a.O. S. 220-221.
[25] Die Krüger-Depesche: 1896 kam es zu einem peinlichen Vorfall für das Empire. Die Briten hatten in Südafrika versucht in einer Geheimaktion den Burenstaat anzugreifen. Dieses schlug jedoch fehl und die brit. Regierung distanzierte sich von diesem Vorfall. Die deutsche Presse reagierte schadenfroh, und der deutsche Kaiser liess sich nicht nehmen im Neujahr 1896 den Burenpräsidenten Paul Krüger zu beglückwünschen, dass er den auswärtigen Angriff abgewehrt hatte. Für die britische Führung war das nicht nur eine Beleidigung, aber auch die Vorahnung von bösen Absichten. Siehe dazu Imanuel Geiss: a.a.O. S. 209.
[26] Siehe Imanuel Geiss: a.a.O. S. 222-223. Japan war wiederum vor Frankreich sicher, das ohne diese Allianz möglicherweise versucht hätte, sich einen Krieg zunutze zu machen, um seine Forderungen nach russischer Unterstützung zu untermauern.

Höhepunkt ihrer expansionistischen Politik in Afrika war es beinahe zu einer militärischen Auseinandersetzung zwischen den beiden Kolonialmächten gekommen. Jedoch schreckten beide aus machtpolitischen Erwägungen vor einem offenen Krieg zurück.[27] 1903, nach dem Burenkrieg und mit den weltpolitischen Arrangements mit den USA und Japan im Rücken, unternahm Grossbritannien gezielte Anstrengungen zur Regelung noch offen stehender Kolonialprobleme mit Frankreich. Schliesslich gipfelten diese Verhandlungen 1904 in der so genannten Entente Cordiale,[28] einem Abkommen über eine inoffizielle Zusammenarbeit mit Frankreich, die Deutschland stets abgelehnt hatte. Damit gab Grossbritannien seine ausgleichende Rolle nach zweihundert Jahren Gleichgewichtspolitik in Europa – nach dem es das global mit den USA und Japan bereits getan hatte – in der Praxis auf.[29] Zur gleichen Zeit, tat das Deutsche Reich alles, um sich selbst als aggressive und unreife Nation zu präsentieren und dadurch die Briten abzuschrecken. So geschah es bei der ersten Marokko Krise, als Berlin alles daran setzte die Inbesitznahme Marokkos durch Frankreich zu sabotieren und die Entente als Papiertiger zu entlarven. Statt zum Scheitern der Entente Cordiale zu führen, leitete die darauf folgende Konferenz von Algeciras die militärische Zusammenarbeit zwischen Frankreich und Grossbritannien ein und verlieh der anglo-russischen Entente von 1907 den entscheidenden Anstoß.[30] Grossbritannien hatte in die militärische Zusammenarbeit mit jener Macht eingewilligt, die es lange Zeit gemieden hatte. Die Befehlshaber der britischen und französischen Marine nahmen miteinander Gespräche auf. Die Briten wollten sich nicht rechtlich auf bestimmte Umstände festlegen lassen, unter denen ein militärisches

---

[27] Frankreich wollte sich nicht von seinem Hauptziel, der machtpolitischen Revision gegenüber Deutschland ablenken lassen, und England wollte nicht kurz nach dem Burenkrieg wieder in eine militärische Auseinandersetzung verstrickt werden.

[28] Siehe Imanuel Geiss: a.a.O. S. 224. Die Entente Cordiale war kein richtiges Bündnis, sondern nur eine Absprache über koloniale Interessensphären. Der Kern der Abmachung beinhaltete die Anerkennung Ägyptens als britisches Protektorat durch Frankreich, und Grossbritannien (GB) erklärte sich bereit die kommende Inbesitznahme Marokkos durch Frankreich zu akzeptieren.

[29] Die „Balance of Power" funktioniert am besten, erstens: wenn jede Nation das Recht hat, sich je nach Erfordernis der Umstände mit einer anderen Nation zu verbünden, zweitens: Im Falle fester Bündnisse muss es eine ausgleichende dritte Macht geben, die darauf achtet, dass keine der Koalitionen die Oberhand gewinnt, eine Situation die nach dem französisch-russischen Vertrag eintrat, als Grossbritannien, von allen Seiten umworben, seine ausgleichende Funktion noch wahr nahm. Drittens: wenn nur feste Bündnisse existieren, ein ausgleichender Faktor jedoch fehlt, dann sollte der Zusammen halt innerhalb der Bündnisse relativ schwach ausgeprägt sein, damit bei strittigen Fragen Kompromisse oder doch strittige Fragen in der Bündniszusammensetzung möglich ist. Trifft keine dieser Vorrausetzungen zu, verliert die Diplomatie an Beweglichkeit. Es kommt dann zu einem Nullsummenspiel, bei dem eine Seite den Gewinn der anderen unweigerlich als eigene Niederlage auffasst. Rüstungswettlauf und zunehmende Spannungen sind die Konsequenzen. Und eben dieser Zustand kennzeichnete die Situation in Europa, nachdem Grossbritannien dem französisch-russischen Abkommen beigetreten war. Daraus entstand die Triple-Entente von 1907. Siehe zur Theorie, Karen A. Mingst: Essentials of International Relations. Second Edition, New York 2003. S. 32-33 und die Tabelle auf S. 34.

[30] Vgl. Imanuel Geiss: a.a.O. S. 240.

Eingreifen hätte eingefordert werden können. Paris akzeptierte dieses Zugeständnis an die Briten.[31]

In den letzten Jahrzehnten des 19. Jahrhunderts sah sich das Empire am stärksten durch Russland bedroht. Nach dem Bündnis mit Japan überdachte Grossbritannien seine weltpolitischen Prioritäten. Schon kurz darauf begann Grossbritannien zu überprüfen, ob ein ähnliches Arrangement wie mit Frankreich auch mit Russland möglich sei.[32] Die Konsequenz aus der Entente Cordiale war die Hinwendung Grossbritanniens zu Russland. Wie die Entente Cordiale war die anglo-russische Verständigung nur eine punktuelle Absprache über gegenseitige Interessensphären an den Peripherien ihrer Imperien. Im Sommer 1907 räumte London den Russen grosszügige Konzessionen in Afghanistan und Persien ein und teilte Persien in gegenseitige Interessenbereiche auf.[33] Das bilaterale Arrangement schloss jedoch weitergehende Friktionen und Irritationen zwischen England und Russland an Ort und Stelle nicht aus, vor allem in Persien.[34] So blieb das grundsätzliche Misstrauen zwischen den unterschiedlich strukturierten imperialistischen Weltmächten weiterhin erhalten.[35] Auch war die anglo-russische Verständigung kein formaler Bündnisvertrag, aber ihre lockeren kolonialpolitischen Absprachen vollendeten das Entstehen der Triple-Entente. England sah immer noch Russlands Aktivitäten in Persien mit grosser Sorge, hielt aber weitgehend still, um die Triple-Entente nicht zu gefährden. Den harten Kern der Triple-Entente bilde der Zweibund zwischen Frankreich und Russland (1892/94). Nur er war ein formeller Vertrag, der staatsrechtlich von beiden Seiten ratifiziert wurde. Seine weltpolitische Bedeutung erlangte er jedoch erst durch Englands Arrangement mit Frankreich und Russland, mit denen die grössten See- und Kolonialmacht auch die weltpolitische Führung innerhalb der neuen Dreier-Koalition zufiel.

Aus dem „Spiel" des Deutschen Reiches war nun tödlicher Ernst geworden. Alle Irritationen gegenüber Russland zum Trotz blieb Deutschland für England die grössere

---

[31] Paris war überzeugt, dass innerhalb der Militärstäbe es schon zu konkreteren Vereinbarungen kommen würde, was immer die juristischen Verpflichtungen auch besagen mochten.
[32] Während der Verhandlungen zwischen Frankreich und Grossbritannien wurde von französischer Seite den Briten angeboten, im Falle eines Bündnisbeitritts, mildernd auf die russische Seite einzuwirken. Seit 1891 war Frankreich mit Russland in einem Zweibund verbündet. Beiden behagte das Gefühl der Unsicherheit gegenüber dem Deutschen, von russischer Seite kam noch der Wunsch nach einem Verbündeten gegen England hinzu.
[33] St. Petersburg erhielt den Norden, während die Mitte für neutral erklärt wurde, und Grossbritannien die Vorherrschaft über den Süden mit den gerade entdeckten Ölquellen beanspruchte. Afghanistan wurde ganz dem britischen Einflussbereich als Pufferzone Indien zugeteilt. Im Bezug auf Tibet in China, einigten sich die beiden Konkurrenten wie im Falle Afghanistans auf eine imperialistische Durchdringung zu verzichten. Um die angestrebte russisch-britische Kooperation zu sichern und aus der Angst gegenüber dem Deutschen Reich heraus, war Russland zum ersten mal bereit, England nicht mehr um jeden Preis von den türkischen Meerengen fernzuhalten. Vgl. Henry A. Kissinger: a.a.O. S. 202.
[34] Vgl. David French: British Strategy and War Aims. a.a.O. S. 7.
[35] Vgl. Imanuel Geiss: a.a.O. S. 247.

Gefahr.[36] Die Triple-Entente und der Dreibund (Deutschen Reich, Österreich und Italien) hatten sich zu zwei konkurrierende Allianzen entwickelt, die auch einen Krieg nicht mehr scheuten. Jede Macht war mehr auf die Stabilität seiner Allianz und seiner eigenen Bündnisfähigkeit bedacht, als um die Vermeidung eines Zusammenstosses im Falle einer Krise. Flexibles diplomatisches Handeln war längst nicht mehr möglich, und so beherrschte ein konfrontatives Klima den diplomatischen Umgangston. Niemand konnte sich vorstellen, dass Russland wegen Elsass-Lothringen für Frankreich in den Krieg ziehen würde, oder dass Deutschland die Donaumonarchie bei ihren Eroberungszügen auf dem Balkan gegen Russland unterstützen würde.[37] Aber auf der anderen Seite war Russland mit Serbien verbündet, wo es von nationalistischen und terroristischen Gruppierungen nur wimmelte und das sich nicht davor scheute Risiken einzugehen, die vielleicht zu einem Krieg hätten führen können. Nicht anders verhielt sich Deutschland, das mit Österreich verbunden war, welches seine Besitzungen auf dem Balkan gegen Agitationen Serbiens zu schützen suchte. Die grossen Mächte hatten durch ihre Bündnispolitik ihre politische Bewegungsfreiheit stark eingeschränkt. Hinzu kam die Rivalität zwischen Österreich und Russland im Balkan. Dies ging so weit, das beide Länder in die politischen Wirren kleinerer Balkanstaaten hineingezogen wurden.[38] Noch 1912, nach dem Ende des Balkankriegs auf der Londoner Konferenz, beschuldigten sich die Verbündeten gegenseitig, einander nicht genügend unterstützt zu haben. Russland beschwerte sich über Grossbritanniens Rolle als unparteiischer Schlichter und die Briten befürchteten, dass Russland noch eines Tages auf einen Handel mit Deutschland eingehen würde. Kurz, die Aufrechterhaltung des Bündnisses hatte sich als Ziel verselbstständigt und das galt nicht nur für Grossbritannien, sondern für alle Akteure im europäischen System der Grossmächte. Die intensivierenden Generalstabsgespräche seit der 1. Marokko-Krise, zuletzt auch Admiralitätsgespräche zur Koordinierung eines möglichen

---

[36] Dazu das berühmte Crowe-Memorandum aus dem britischen Aussenministerium von 1907: Das Memorandum gab zu, dass es zwischen Grossbritannien und Frankreich und Russland in vielen Bereichen Meinungsverschiedenheiten gebe, fügte aber hinzu, dass Kompromisse möglich seien, da die Probleme definierbar und somit zu lösen seien. Dem hielt es gegenüber, dass die deutschen Zielsetzungen - die als sehr weit reichend und nicht enden wollend dargestellt wurde – keine rationale Grundlage erkennen liessen. Vgl. Henry A. Kissinger: a.a.O. S. 203.
[37] Eine Zeitlang waren dem Bündnissystem noch gewisse Einschränkungen inhärent. Frankreich übte milden Druck auf Russland aus wenn es um Konflikte mit Österreich ging. Deutschland hatte dieselbe Aufgabe im Bezug auf Österreich. 1908 während der Bosnien-Krise gab Paris zu verstehen dass es wegen dem Balkan keinen Krieg beginnen werde. 1911 bei der 2. Marokko-Krise gab St. Petersburg Paris zu verstehen, dass bei einer gewaltsamen Lösung der Krise Frankreich auf keine Hilfe hoffen könne. 1912 beim Balkankrieg machte Deutschland Österreich darauf aufmerksam, dass es nur begrenzt Hilfe leisten würde und Grossbritannien drängte Russland, auf seinen unbeständigen und unberechenbaren Verbündeten Serbien mässigend einzuwirken. Und auf der Londoner Konferenz 1913 verhinderte Grossbritannien den Anschluss Albaniens an Serbien was für Österreich nicht hinnehmbar gewesen wäre. Siehe Henry A. Kissinger: a.a.O. S. 212.
[38] Vgl. Henry A. Kissinger: a.a.O. S. 204-205

Krieges zu Lande und zu Wasser, gaben der Triple-Entente immer mehr die Qualität eines faktischen Bündnisses.[39]

Schlussfolgernd kann gesagt werden, dass das britische Weltreich ab dem 1890er Jahren sich langsam aber sicher im Niedergang befand. Es hatte seinen Zenit bereits überschritten und wollte nur noch seinen Besitz - das Empire - bewahren und beschützen. Jedoch sah es sich durch das Aufkommen von anderen jüngeren und dynamischeren Nationalstaaten sowohl in seiner wirtschaftlichen Macht aufgeholt als auch in seiner sicherheitspolitischen Position von manchen unter Druck gesetzt. Eine dieser neuen Mächte war die „verspätete Nation"[40] Deutschland, das als aufstrebende Wirtschaftsmacht und mit seiner militärischen Aufrüstung, vor allem zur See, die vitalsten Interessen Großbritanniens und des Empire zu bedrohen schien.[41] Die Hauptsorge Englands jedoch galt den alteingesessenen Imperialmächten Frankreich und Russland, die mit ihrer Expansionspolitik immer wieder mit den Interessen des Empire kollidierten und Krisen und Konflikte, wenn nicht gar Kriege provozierten. Dabei galt Russland als der grösste Rivale. St. Petersburgs ungebremster Expansionsdrang machte vor nichts halt und drohte immer wieder in britischen Einflussbereich einzudringen. Zum einen waren da das „Juwel" des britischen Imperiums, Indien, und die Seewege die dahin führten (der Suezkanal und die türkischen Meerengen) und zum anderen das Mutterland Britannien, dessen Sicherheit massgeblich von Gleichgewicht der Kräfte auf dem europäischen Kontinent abhing. Auf dem europäischen Kontinent war es das junge Deutschland, das Großbritannien mit seiner aggressiven außenpolitischen Rhetorik und der militärischen Aufrüstung beunruhigte. Deutschland verfolgte koloniale Ambitionen und strebte damit seinen Platz an der Seite der anderen Großmächte an. Noch war Deutschland jedoch nicht so weit, das es die Interessen des Empires und Grossbritanniens ernsthaft hätte bedrohen können.

Die logische Schlussfolgerung für die politische Elite Englands bestand darin, mit den Mitgliedern des Zweibundes Frankreich und Russland gute Beziehungen aufzubauen, um das Empire zu entlasten und mit deren Hilfe den „Troublemaker" auf dem europäischen Kontinent in Schach zu halten.[42]

---

[39] Vgl. Imanuel Geiss: a.a.O. S. 224. An der Stelle der lockeren Triple-Entente trat dann am 5. September 1914 der Londoner Vertrag als formelles Bündnis der Alliierten gegen Deutschland und dessen Verbündete.
[40] Nach Helmut Plessner: Gesammelte Schriften Bd.6. Die verspätete Nation, Frankfurt am Main 1982.
[41] Zwei dieser anderen Nationen waren die USA und Japan, die aber nur auf wirtschaftlichem Gebiet mit dem Empire konkurrierten, aber sonst keine Bedrohung für Sie darstellten.
[42] David French: British Strategy and War Aims. a.a.O. S. 6.

III. Kriegsbeginn und britische Kriegsziele: Europa und die Welt

Die Ermordung des habsburgischen Thronfolgers Franz Ferdinand am 28. Juni 1914 setzte die politische Untergangsmaschinerie des alten Kontinents in Gang.[43] Österreich aggressives Vorgehen gegen Serbien rief Russland, das sich als Schutzpatron seiner serbischen Brüder verstand, gegen Österreich auf den Plan, was wiederum dessen Verbündeten, das Deutsche Reich, unter Zugzwang setzte. Deutschland mobilisierte, wie es der Schlieffenplan[44] vorsah und erklärte Anfang August Russland und Frankreich[45] den Krieg. War die britische Regierung anfangs noch unentschlossen, so wurden ihr alle Zweifel durch den militärisch notwendigen Einmarsch der deutschen Truppen in das neutrale Belgien – zu dessen Schutz England sich verpflichtet hatte – ausgeräumt.[46] Um die Bündnistreue Londons unter Beweis zu stellen, war es unerlässlich an der Seite der Bündnispartner in den Krieg einzutreten. Des Weiteren spielte die Frage nach der Zukunft des Gleichgewichts der Kräfte in Europa eine gewichtige Rolle, denn dieses garantierte die Sicherheit Britanniens und des Empires.

Nun galt es mit den Verbündeten gemeinsame Kriegsziele auszuformulieren. Dabei sollten die europäischen als auch die aussereuropäischen Interessen der Kriegsteilnehmer Berücksichtigung finden. Da Grossbritannien in erster Hinsicht eine maritime Grossmacht war und die grösste Handelsnation der damaligen Zeit präsentierte, aber nur eine vergleichsweise kleine Landarmee hatte, sah es seine eigene Rolle darin, den Krieg auf den Meeren und in den Kolonien zu führen und die Hauptlast des europäischen Kontinentalkrieges ihren beiden Verbündeten mit ihren Massenarmeen aufzubürden.[47] Das erste Kriegsziel war das Kriegsversicherungsabkommen zwischen Grossbritannien, Frankreich und Russland, dass im „Pact of London" am 05. September 1914 ausformuliert wurde. Darin verpflichteten sich die Verbündeten keinerlei Gespräche über einen

---

[43] Vgl. Henry A. Kissinger: a.a.O. S. 214.
[44] Eine Denkschrift (1905) des deutschen Chefs des Generalstabes Alfred Graf von Schlieffen für einen Operationsplan zur Führung eines Zweifrontenkrieges. Sie ist von dem Grundgedanken bestimmt, dass das Deutsche Reich einen Zweifrontenkrieg gegen Frankreich und Russland werde führen müssen. Sie sah eine rasche Entscheidungsschlacht im Westen vor, indem deutsche Truppen durch das neutrale Belgien vom Norden nach Frankreich einstossen sollten, um den Gegner zu vernichten. Dann sollte sich die Armee mit den freigesetzten Divisionen gen Osten Russland zuwenden und dort den schwächeren Gegner ausschalten. Dazu siehe sehr ausführlich John Keegan: a.a.O. S. 49-63. Und Hew Strachan: a.a.O. S. 67-68.
[45] Am 1. August hatte Deutschland an Frankreich die Anfrage gestellt, ob es beabsichtige, neutral zu bleiben. Jedoch forderte Deutschland in diesem Falle, die Festungen Verdun und Toul als Unterpfand für sein Vertrauen. Frankreich antwortete nur dass es nach seinem Interesse handeln werde und damit sehr undeutlich. Auf Grund angeblicher Grenzverletzungen erklärte Deutschland Frankreich am 3. August den Krieg. Siehe Henry A. Kissinger: a.a.O. S. 231.
[46] 1839 hatte sich Grossbritannien vertraglich dazu verpflichtet die Neutralität des jungen Staates Belgien zu garantieren. Siehe dazu Neill Ferguson: a.a.O. S. 207.
[47] Vgl. David French: Allies, Rivals and Enemies. a.a.O. S. 25.

Separatfrieden mit den Mittelmächten aufzunehmen, was jeden Weg zu einen Verhandlungsfrieden mit den Mittelmächten erheblich erschweren sollte.[48] Grossbritanniens Hauptziel bestand darin, die Allianz straff zu einen Siegfrieden zu führen. Sie hielten sich angesichts der gegensätzlichen Kriegszielvorstellungen der Alliierten zunächst zurück eigene Kriegsziele zu deklarieren. Eine zu früh einsetzende Debatte mit den Alliierten, so die Befürchtung Londons, würde die notwendige Einheit der Kriegsallianz unterminieren.[49]

1) Europa

Auf dem europäischen Schauplatz kämpften Grossbritannien und seine Verbündeten gegen den Zweibund, bestehend aus dem Deutschen Reich und der Doppelmonarchie.[50] Das Deutsche Reich mit dem preussischen König als Oberhaupt war eine junge, dynamische auf aufstrebende Nation, die jedoch durch den Militarismus und seine unberechenbare Politik seit der Jahrhundertwende in Europa viel Unsicherheit und Misstrauen erzeugt hatte.[51] Dem Gegenüber war die Doppelmonarchie eine Jahrhundert alte europäische Grossmacht, die sich jedoch zu Anfang des zwanzigsten Jahrhunderts im Niedergang befand und darum bemüht war, seinen Vielvölkerstaat von den sezessionistischen Bestrebungen des aufkommenden Nationalismus zu schützen.[52]

a) Das Deutsche Reich und der preussische Militarismus

Grossbritannien selbst besaß keine expansiven Kriegsziele und vor allem keine territorialen Ambitionen gegenüber dem Deutschen Reich auf dem Kontinent. Der Kriegseintritt wurde mit der Begründung geführt, die Neutralität Belgiens wiederherzustellen

---

[48] Auch die Kriegszielabkommen sollten nur in Übereinkunft mit den Alliierten zugelassen werden. Das alliierte Bündnis wurde damit für den Verlauf des Krieges gültig zusammen geschweisst. Vgl. Hubert Gebele: Die Probleme von Krieg und Frieden in Grossbritannien während des Ersten Weltkrieges: Regierung, Parteien und öffentliche Meinung in der Auseinandersetzung über Kriegs- und Friedensziele, Frankfurt am Main, Bern, New York, Paris, Lang 1987. S. 4. David Stevenson: The First World War and International Politics, Oxford, New York 1988. S. 110.
[49] Vgl. Hubert Gebele: a.a.O. S. 5-6.
[50] Formal war auch Italien durch den Dreibund mit beiden Mächten verbündet, aber beim Kriegsausbruch konnte es sich nicht entscheiden in den Krieg einzutreten und blieb neutral, bis es nach langen Monaten des Taktierens und Verhandelns 1915 Österreich den Krieg erklärte. Vgl. Mario Isnenghi: Italien. In: Gerhard Hirschfeld/Gerd Krumeich/Irina Renz in Verbindung mit Markus Pöhlmann (Hrsg.): Enzyklopädie. Erster Weltkrieg, 2. Auflage Paderborn 2004. S. 1.
[51] Vgl. Wolfgang Mommsen: Deutschland. In: Gerhard Hirschfeld/Gerd Krumeich/Irina Renz in Verbindung mit Markus Pöhlmann (Hrsg.): Enzyklopädie. Erster Weltkrieg, 2. Auflage Paderborn 2004. S. 15.
[52] Vgl. dazu ausführlich Hew Strachan: Der Erste Weltkrieg. Eine neue illustrierte Geschichte, 2. Auflage München 2003. S. 19-26.

und den „preussischen Militarismus" zu vernichten[53] (zur deutschen Flotte und den Kolonien im nächsten Kapitel). Grossbritanniens Sicherheit selbst war nicht direkt vom Krieg berührt, es war eher der moralische Gedanke und die Angst um die zukünftige Bündnisfähigkeit, die Grossbritannien zum Kriegseintritt bewegten. Auch die Befürchtung eines eventuellen Sieges der Mittelmächte, die das kontinentale Gleichgewicht zu ungunsten Grossbritanniens hätte umgestalten können, war kriegsentscheidend. Um das Bündnis zusammenzuhalten, musste Grossbritannien auch die Kriegsziele seiner Verbündeten anerkennen und dabei Konzessionen machen. So versicherte der britische Aussenminister Grey, dass auch Grossbritannien die Zerstörung der deutschen Machtposition im Auge habe. Ferner zog London in Erwägung, Schleswig an Dänemark zu geben, Belgien auf Kosten Hollands zu entschädigen, welchem dafür das deutsche Friesland zufallen würde. Ausserdem kam das Ziel der Neutralisierung des Kieler Kanals und der Zahlung einer deutschen Entschädigung den britischen Interessen ausreichend entgegen. Zudem sollte Elsass-Lothringen wieder an Frankreich zurückgegeben werden, aber nicht die deutschsprachigen westrheinischen Gebiete. Des Weiteren sollten Galizien, die Bukowina und die polnischen Gebiete des Deutschen Reiches an Russland fallen.[54] All diese territorialen und politischen Zielvorstellungen bezüglich des Deutschen Reiches, wurden mit dem umfassenden Begriff des „destruction of Prussian Militarism" umschrieben. London erhoffte sich bei einer Niederlage Deutschland, die Entstehung einer demokratischen Regierung, die das alte Regime beseitigen und so ein friedliches Deutschland in Europa hätte schaffen sollen, von dem keine Gefahr mehr für seine Nachbarn ausgehen würde, so die Vorstellung bei der politischen Elite.[55]

b) Die Doppelmonarchie und der Vielvölkerstaat

Grossbritannien hatte gegenüber Österreich keine eigenen klaren Kriegsziele und unterstützte daher die Wünsche Russlands und Italiens. Im Verlaufe des Krieges verfolgte GB mehr das Nationalitätenprinzip, eine Politik des Selbstbestimmungsrechts der Völker, das dazu führen sollte, dass grossen indigenen Völkern, wie den Polen, Tschechen und Yugoslawen die Unabhängigkeit ermöglicht werden konnte. Dies bedeutete de facto, dass sich

---

[53] Vgl. die Guildhall-Rede von Asquith zu den Kriegszielen Grossbritanniens in Hubert Gebele: a.a.O. S. 4. und die Antwort Lloyd Georges zu Bethmann Hollwegs und Wilsons Friedensnoten von 30.12.1916. In: Ders. S. 15.
[54] Matthias Peter: a.a.O. S. 97. Jedoch wurden diese Zugeständnisse mit der Niederlage Russlands 1917 und dem Separatfrieden von Brest-Litowsk für nichtig.
[55] Vgl. V. H. Rothwell: a.a.O. S. 43-44. Im Außenministerium wurde von dem Gedanken ausgegangen, dass nicht die Deutsche Bevölkerung, sondern die herrschende preussische Elite für den Kriegbeginn verantwortlich zu machen sei. Dazu auch auf S. 59.

London dem Ziel der Zerschlagung des Habsburgerreiches verschrieben hatte.[56] Dabei wurden die Briten von der Diaspora dieser Völker und ihrer medienwirksamen Arbeit immer wieder darin bestärkt.[57] Die britische Regierung hatte mit den Russen vereinbart, ihnen die polnischen Gebiete zu überlassen[58] und, nach dem Kriegseintritt Italiens und auch später Rumäniens, diesen beiden Verbündeten wiederum, Transsylvanien (Siebenbürgen), Bosnien, Herzegowina, Trentino und die Adriaküste zu übergeben.[59] Darüber hinaus ging die britische Regierung von der Annahme aus, dass eine Niederlage Österreichs auch die Niederlage Deutschlands herbeiführen würde.[60] Aus diesem Grunde versuchte die britische Führung im Verlauf des Krieges eine weitere Front auf dem Balkan zu eröffnen, um von dort Deutschlands Verbündete Österreich und Bulgarien[61] zu treffen. Die dahinter stehende Idee war, dass die Mittelmächte in dem Moment verlieren, wo das schwächste Glied der Kette zerbrochen ist.

2) Die globale Sicht

In Gegensatz zum europäischen Kontinent verfolgte London im globalen Rahmen nicht nur indirekte, politische, sondern ganz eigene territoriale Kriegsziele. Zum einen ging es um die deutsche Flotte, welche das Zentrum der anglo-deutschen Rivalität gebildet hatte.[62] Zudem konzentrierte sich Londons Interesse auf die deutschen Kolonien in Afrika, Ostasien und dem Pazifik. Zum anderen geriet das Osmanische Reich, eine jahrhundert alte, aber im Niedergang befindliche Grossmacht im Nahen Osten,[63] in den Focus von Londons

---

[56] Siehe dazu die Diskussion der britischen Berater über das österreichische Nationalitätenproblem und deren Lösung in der Kriegszieldebatte, bei Z. A. B. Zeman: A Diplomatic History of the First World War, London 1971. S. 350-355 und 357-360. Und V. H. Rothwell: a.a.O. S. 64-65.
[57] V. H. Rothwell: a.a.O. S. 76.
[58] Auch im Falle Österreichs wurden die Zugeständnisse, die an Russland gemacht wurden nach Russlands Niederlage und der Unterzeichnung des Vertrages von Brest-Litowsk ungültig.
[59] Vgl. Hubert Gebele: a.a.O. S. 5.
[60] Vgl. Z. A. B. Zeman: a.a.O. S. 350.
[61] Bulgarien trat in Herbst 1915 den Mittelmächten zur Seite ein, nachdem ihr, territoriale Zugeständnisse im Bezug auf ein Gross-Bulgarien gemacht worden waren. Vgl. Gerhard Hirschfeld/Gerd Krumeich/Irina Renz in Verbindung mit Markus Pöhlmann (Hrsg.): a.a.O. S. 399.
[62] Die Flottenrüstung wurde vorangetrieben, um Deutschlands Anspruch als Weltmacht Geltung zu verschaffen. Sie war das „Lieblingsspielzeug" des Kaisers und sollte von Admiral Tirpitz durchgeführt werden, der die treibende Kraft hinter der deutschen Flottenrüstung war. Ihre Stärke sollte die der britischen nahe kommen, um die deutschen Interessen weltweit vor einem Zugriff Englands zu schützen. Die deutsche Flottenrüstung musste unweigerlich zu einem Rüstungswettlauf führen, da sie die englische Vorherrschaft auf den Meeren streitig machte. Sie war auch das Haupthindernis einer deutsch-englischen Annäherung, wenn nicht der Hauptgrund der deutsch-englischen Verstimmung. Vgl. Gerhard Hirschfeld/Gerd Krumeich/Irina Renz in Verbindung mit Markus Pöhlmann (Hrsg.): a.a.O. S. 495-496.
[63] Das Osmanische Reich war auf seinem Höhepunkt ein multikulturelles Gemisch aus verschiedenen Völkern, das aber zu Anfang des 20. Jahrhunderts nur noch Vorderasien und die westliche wie die östliche

Ambitionen. Durch seine geostrategische Lage hatte es lange Zeit für Grossbritannien die Rolle der Gleichgewichtshalters gegenüber Russland gespielt.[64] Nun war Istanbul (Konstantinopel) auf Seiten den Mittelmächten beigetreten[65] und stellte eine Gefahr für die Verbindung des Mutterlands Britannien mit seinen wichtigsten Kolonie Indien dar. Ferner bedrohte die Türkei auch die britischen Interessen in Persien und am Golf.

a) Des Kaisers Flotte und die deutschen Kolonien

Die deutsche Flotte war das Hauptinstrument des kaiserlichen Deutschlands, um seinen Gestaltungsanspruch als Kolonial- und Weltmacht zu unterstreichen. Sie war daher automatisch der Hauptrivale der Royal Navy auf den Weltmeeren und stellte damit eine Gefahr für die Sicherheit der See- und Kommunikationswege des britischen Empire dar, das für sich auch immer noch die Vorherrschaft auf den Weltmeeren in Anspruch nahm.[66] Eines der vorrangigsten Kriegsziele Englands war die Vernichtung der deutschen Flotte um damit das Reich in Zukunft als maritime Macht auszuschalten. Hierdurch sollte langfristig eine militärische Bedrohung der britischen Inseln ausgeschlossen werden. Dies wurde bereits im September 1914 im „Pact of London" festgehalten. Zudem beanspruchte England von Kriegsbeginn an die deutschen Kolonien für sich und sein Dominion[67] mit der Begründung, die Deutschen hätten eine brutale Kolonialpolitik betrieben hätten.[68] So wurden schon Anfang des Krieges und schliesslich bis Sommer 1916 alle deutschen Kolonialbesitzungen von England und seinen Dominion mit Hilfe der Japaner, Franzosen und Belgier erobert und de facto annektiert.[69]

Küstenregionen der arabischen Halbinsel beherrschte. Dazu die heiligen Stätten der Muslime Mekka und Medina.
[64] Vgl. Henry A. Kissinger: a.a.O. S. 156.
[65] Das Osmanische Reich war am 2.11.1914 den Mittelmächten beigetreten. Vgl. Hubert Gebele: a.a.O. S. 6.
[66] Vgl. Z. A. B. Zeman: a.a.O. S. 320-321.
[67] Dominion ist die Bezeichnung für die Siedlerkolonien des britischen Imperiums Kanada, Südafrika, Australien und Neuseeland. Diese verbanden mit den eroberten deutschen Kolonien eigene imperialistische Ziele, lagen doch die deutschen Kolonien in Gebieten, die die Dominion als ihre Einflusssphären reklamierten.
[68] Vgl. V. H. Rothwell: a.a.O. S. 151 und 289-291
[69] Dabei wurden im Pazifik Samoa von den Neuseeländern, Neu Guinea von den Australiern erobert. Die Inselgruppen der Karolinen und die Marshalinseln und Kiautschou in China fiel unter japanischer Gewalt. Auf dem afrikanischen Kontinent wurde die Kolonie Deutsch Südwest-Afrika von Südafrika erobert. Kamerun und Westafrika wurden mit Hilfe der Belgier und Franzosenerobert und ihr Schicksal bis Ende des Krieges offen gelassen. England selbst beanspruchte für sich Deutsch Ostafrika um damit seinen lang gehegtes Ziel eine Koloniekette von Kairo bis zum Kap herzustellen. Vgl. Z. A. B. Rothwell: a.a.O. S. 321-325 und David Stevenson: a.a.O. S. 107.

b) Das Osmanische Reich, der „kranke Mann" vom Bosporus

Seit hundert Jahren unterstützte Grossbritannien das Osmanische Reich als Bollwerk gegen die expansionsgelüsste Russlands im Nahen Osten. London ging es darum, Russlands Streben nach Konstantinopel und den Zugang zum Mittelmeer durch die Meerengen – und dadurch die Möglichkeit den Briten den Weg nach Indien zu versperren – entgegen zu steuern. Nachdem Grossbritannien über Ägypten ein Protektorat eingerichtet hatte, wodurch die Kontrolle über den Suez-Kanal an London fiel, und noch Zypern, das „unversinkbare Schiff", sein eigen nannte, war es nicht mehr von den Meerengen auf seinem Weg nach Indien abhängig.[70] Durch den Kriegseintritt des Osmanischen Reiches auf Seiten der Mittelmächte war Grossbritannien selbst zentral betroffen und zum Umdenken in seiner Nahost-Politik gezwungen. Das Resultat war, dass London nun gemäss der Nationalitätenpolitik die Zerschlagung des Osmanischen Reiches anstrebte.[71] Hier musste aber England mit seinem Hauptverbündeten, dem Zarenreich, Kompromisse eingehen. Um die Russen im Bündnis zu halten und sie von der Versuchung eines Separatfriedens mit den Mittelmächten abzubringen, musste ihnen Konstantinopel und die Meerengen zum Schwarzen Meer zugesprochen werden. Damit sollten die Russen dann ihre Ansprüche in Europa gegenüber Deutschland und Österreich zurücknehmen, aber auch von weiteren Ansprüchen in Persien Abstand nehmen.[72]

Frankreich beanspruchte die Gebiete Syrien und Damaskus was den heutigen Libanon einschliessen würde. England wollte sich die Provinzen Basra, Bagdad, Mosul und Palästina, also das heutige Irak und Jordanien und Israel unter Kontrolle haben. Die Briten wollten die ölreichen Gebiete[73] und den Landweg nach Indien unter ihrer Kontrolle bringen, damit in der Zukunft keine Macht mehr die Sicherheit Indiens in Frage stellt.[74] All diese Vereinbarungen mündeten in das berühmte Sykes-Picot Abkommen von 1916, in der Frankreich und Grossbritannien ihre Interessensphären im Nahen Osten vertraglich regelten.[75]

---

[70] Vgl. David Stevenson: a.a.O. S. 125.
[71] Vgl. V. H. Rothwell: a.a.O. S. 65.
[72] Vgl. ders. a.a.O. S. 25-26 und David Stevenson: a.a.O. S. 125-126.
[73] Im ersten Weltkrieg hatte sich der Bedarf an Öl für Panzer, Flugzeuge und Schiffe verdoppelt und Nachschubprobleme wurden schon erkennbar. Das führte den Briten die Wichtigkeit der ölreichen Regionen in Mesopotamien vor Augen geführt. Vgl. Hubert Gebele: a.a.O. S. 9.
[74] Vgl. Z. A. B. Zeman: a.a.O. S. 329 und V. H. Rothwell: a.a.O. S. 27.
[75] Das Sykes-Picot Abkommen war ein geheimes Abkommen, das erst nach der russischen Revolution von den Bolschewiki publik gemacht wurde. Das Abkommen unterteilte die arabischen Gebiete des Osmanischen Reiches unter Frankreich und Grossbritannien in Interessengebiete auf. Es war als Kompensation für die Zugeständnisse, die Russland im Bezug auf Konstantinopel gemacht wurden, erdacht. Vgl. David Stevenson: a.a.O. S. 129 und die Hintergründe zu den Verhandlungen Ders. S. 125-131 und in Z. A. B. Zeman: a.a.O. S. 327-340.

IV. Die Hintergründe der britischen Kriegsziele. Von der Politik des „Balance of Power" in Europa und die Sicherung des Empire nach dem Postulat des „divide et impera"

Die meisten Mitglieder der Entscheidungselite waren in der Mitte der 1850er und Mitte 1860er Jahren geboren und hatten ihre politische Reife in den späten 1870er und frühen 1880er Jahren erreicht, in einer Zeit als Frankreich und Russland als Britanniens harte koloniale Rivalen in Afrika und Asien auftraten. Sie hatten gelernt, die imperialen Ambitionen Frankreichs und Russland als Gefahr für die Sicherheit des britischen Imperiums anzusehen, lange bevor die deutsche Gefahr aufkam.[76] England hatte zuletzt vor Hundert Jahren gegen Frankreich unter Napoleon und vor sechzig Jahren im Krim-Krieg gegen Russland gekämpft, um das Gleichgewicht der Kräfte in Europa zu erhalten. Nie sollte eine einzige Macht so stark werden, dass es eine Hegemonie über Europa errichten könnte, denn früher oder später würde dann Grossbritannien selbst, auf sich allein gestellt, mit dieser Macht konfrontiert sein.[77] Die Erfahrungen aus der napoleonischen Zeit waren der politischen Elite noch ganz bewusst. Seit dieser Zeit aber hatte sich Europa und die Welt grundlegend verändert. Neue Mächte waren aufgekommen und die alten waren noch stärker geworden. Das Aufkommen neuer Mächte wie den Vereinigten Staaten von Amerika, des Deutschen Reichs und des kaiserlichen Japan, bewegten die Welt in einer neuen Ära zu. Dazu kamen noch die britischen Siedlerkolonien, Kanada, Südafrika, Australien und Neuseeland, genannt die Dominien, die immer mehr nach Autonomie in ihren Aussenbeziehungen suchten, aber immer noch loyal zum Mutterland Britannien standen. Mit dem Machtzuwachs der anderen Mächte, musste das Großbritanniens zwangsläufig abnehmen. Das Deutsche Reich und Russland waren die dynamischsten unter den europäischen Mächten. Die Vereinigten Staaten, die absehbare Wirtschaftsmacht und seit 1898 auch Kolonialmacht, beanspruchten schon den amerikanischen Kontinent als ihre Einflusssphäre, und Japan die kommende fernöstliche Grossmacht war nach dem russisch-japanischen Krieg von 1904/05 zu einem ernst zunehmenden Mitspieler auf dem Parkett der Grossmächte geworden. Ihre Wirtschaften wuchsen überproportional und damit einher ging auch ihre militärische Kapazität. Mit den Vereinigten Staaten und Japan hatte London sich schon arrangiert und dabei die jeweiligen

---

[76] Siehe dazu: David French: Allies, Rivals and Enemies. a.a.O. S. 23. und Ders. British Strategy and War Aims. S. 6.
[77] „ …der Versuch einer Nation, Territorien zu erobern und in Besitz zu nehmen, das einer anderen Nation gehört … führt zu einer Störung des Gleichgewichts der Kräfte, und mit der Veränderung in der relativen Stärke der Staaten mag für andere Mächte eine Gefahr entstehen. Mithin wird sich die britische Regierung jegliche Freiheit vorbehalten, derartigen Versuchen entgegenzutreten." Zitat nach Henry J. T. Palmerston In: Henry A. Kissinger: a.a.O. S. 99.

Interessengebiete und Einflusssphären unterteilt. Ein anderer Fall war das Deutsche Reich. War das Deutsche Reich Anfangs nur eine europäische Kontinentalmacht, so änderte sich das mit seiner Flottenrüstung, dessen Ziel es war mit Grossbritannien gleichzuziehen und London eines Tages gar zu überholen. Das deutsche Militär galt als die stärkste auf dem europäischen Kontinent und der deutsche Kaiser setzte sich mit seiner aggressiven Rhetorik hervor.[78] London wusste aber auch um die hegemonialen Ambitionen Frankreichs und Russlands auf dem europäischen Kontinent, und bei einem Machtverlust Deutschlands wären diese beiden Mächte die ersten gewesen, die das das Machtvakuum füllen würden.[79] Diese Entwicklung hätte aber genau das zustande gebracht, was Grossbritannien mit der Politik vom Gleichgewicht der Kräfte seit hundertfünfzig Jahren zu verhindern suchte, nämlich das wiedererstarken Frankreichs als Kontinentalmacht und Russland vor den Toren Mittel- und Westeuropas.

1) Frankreich, der ehemalige Erzfeind

Was Frankreich und Deutschland anging, so hatte Preussens überlegener Sieg von 1870/71 bei den Franzosen einen ständigen Wunsch nach Revanche hervorgerufen. Die Annexion von Elsass-Lothringen stand dabei im Mittelpunkt. Doch der Groll vermischte sich bald mit Furcht, denn die französische Staatsführung begann zu erkennen, dass der Krieg (1870/71) das Ende der langen Ära französischer Vorherschafft und eine unwiderruflich veränderte Verteilung der Macht in Europa zugunsten des Deutschen Reiches zu Folge hatte. Frankreichs Kriegsziel Nummer eins war die Rückgewinnung Elsass-Lothringens von Deutschland und die Besetzung der westrheinischen Gebiete, zudem sollte das Deutsche Reich so sehr geschwächt werden, dass Frankreich es wirtschaftlich und politisch dominieren und somit zum Zwecke seiner eigenen Sicherheit auch kontrollieren konnte. Grossbritannien als Partner Frankreichs in der Entente Cordiale und Verbündeter während des Krieges, musste auf die meisten Kriegsziele Frankreichs, die zugleich Paris' nationale Interessen darstellten, eingehen und mit tragen. Deutschland, die Vormacht Europas, hatte seine führende militärische Rolle im Krieg unter Beweis gestellt, dass es sich gegen mehrere Mächte gleichzeitig behaupten kann, wie zuletzt im Siebenjährigen Krieg.[80] Es galt Deutschland durch Gebietsabtretungen, Reparationszahlungen und weiteren Massnahmen so zu

---

[78] Eine Bezeichnung der Realistischen Schule für die Fünf damaligen Grossmächte Europas, bestehend aus Grossbritannien, Frankreich, Deutschland, Österreich und Russland.
[79] *„Wann immer Deutschland schwach und geteilt war, verleitete seine Nachbarn, vornehmlich Frankreich, zur Expansion."* Zitat nach Henry A. Kissinger: a.a.O. S. 82.
[80] Beim Siebenjährigen Krieg kämpfte Preussen gegen die Übermacht bestehend aus Russland, Österreich, Frankreich und Schweden. Preussen wurde damals von England unterstützt.

schwächen, dass es in Zukunft keine Gefahr mehr für Frankreich Darstellen könnte. Jedoch sollte das Nationalitätenprinzip berücksichtigt werden und nur Territorien die von Nichtdeutschen bewohnt waren abgetreten werden.[81] So sollte in der Zukunft alle ethnischen Konflikte vermieden werden, die erfahrungsgemäss zum Ausbruch des Ersten Weltkrieges beigetragen hatten.

London war aber nicht so kurzsichtig, um zu vergessen, dass eine Schwächung Deutschlands unweigerlich einen Machtzuwachs Frankreichs herbeiführen würde, das dann, wie sich früher in der Geschichte gezeigt hatte, zu einer neuen Hegemonialmacht aufsteigen würde. Die Politik Londons bestand also darin, Deutschland so weit zu schwächen, dass es keine Gefahr mehr für seine Nachbarn und das europäische Gleichgewicht darstellen könnte, aber zugleich musste es stark genug sein, um allen Hegemonialstreben Frankreichs in Zaum zuhalten. Deshalb beanspruchte London auch selbst keine territorialen Ansprüche und auch keine Reparationszahlungen für sich selbst.[82] Die Ansprüche Paris' sollten auch nur so weit unterstützt werden, wie es den wesentlichen nationalen Interessen Frankreichs entsprach.

2) Russland, der expansive Koloss

Seit den Zeiten Napoleons und dem Wiener Kongress hatten Preussen und Österreich mit Russland gute Beziehungen unterhalten. Erst mit dem Krim-Krieg und dem Seitenwechsel Österreichs zu den Kriegsgegnern Russlands, waren die Beziehungen zwischen diesen beiden Grossmächten gerstört. Preussen und auch später das Deutsche Reich hatten Russland bis zum Jahre 1890 neutral gegenüber gestanden, als dann der Rückversicherungsvertrag unter dem neuen Kaiser Wilhelm II nicht mehr verlängert wurde und Russland aus Angst vor einer Isolierung durch die Mittelmächte, 1892/93 den Zweibund mit Frankreich abschloss. Etwa hundert Jahre zuvor hatte Russland schon in den drei polnischen Teilungen große Gebiete Polens annektiert. Zu Anfang des Zwanzigsten Jahrhunderts verfolgte Russland das Ziel, alle slawischen Völker unter dem Banner des Panslawismus unter seiner Herrschaft zu vereinen und dabei weiter nach West-Europa vorzustossen. So wurde mit dem Kriegsausbruch 1914, das Ziel ausgegeben, das verbrüderte Volk der Polen von der brutalen deutschen und österreichischen Herrschaft zu befreien, um sie dann später selbst zu annektieren. Das Augenmerk lag dabei auf Posen und Oberschlesien im Deutschen Reich und Galizien in Österreich. Nur durch ein geschwächtes Deutschland, würde Russland Sicherheit erlangen, so die Überlegungen in St. Petersburg. Wie im Falle Frankreichs, so musste Grossbritannien

---
[81] Vgl. V. H. Rothwell: a.a.O. S. 42-43.
[82] Vgl. Hubert Gebele: a.a.O. S. 12-13.

auch die Kriegsziele Russlands akzeptieren und mittragen. Mit dem Dardanellen Abkommen[83] sollte Russland seine Ansprüche auf dem europäischen Kontinent aufgeben und im Gegenzug dafür Konstantinopel einnehmen, d.h. aus seinem Selbstverständnis als Hüter des orthodoxen Christentums und als das zweite Byzanz sein lang ersehntes politisches und religiöses Ziel erreichen und die türkischen Meerengen für sich reklamieren. Konstantinopel und damit die türkischen Meerengen waren zu Anfang des zwanzigsten Jahrhunderts für Grossbritannien nicht mehr von solch einem strategischen Wert. Nicht nachdem Grossbritannien Zypern und Ägypten und damit den Suez-Kanal kontrollierte und der freie Seeweg nach Indien garantiert war.[84]

Auch hier hatte London nicht vergessen, dass ein besiegtes und schwaches Deutschland und ein zu starkes Russland nicht den strategischen Interessen Britanniens dienen konnten. Mit dem Vertrag von Konstantinopel machte Grossbritannien Russland gewisse Zugeständnisse die ausserhalb Europas lagen, die strategisch aber weniger von Bedeutung waren, als die Besitznahme von weiteren mitteleuropäischen Gebieten durch den ehemaligen Feind. Dies hätte das Gleichgewicht der Kräfte in Europa massgeblich verändert und damit die Sicherheitsinteressen Britanniens geschadet.

---

[83] Vgl. Ebd. S. 8.
[84] Vgl. David Stevenson: a.a.O. S. 125.

VI. Schlussfolgerung:

Zum Anfang des zwanzigsten Jahrhunderts befand sich Grossbritannien und das Empire in einer defensiven Phase. Grossbritannien mit seinem Empire stellte die grösste Volkswirtschaft der Welt dar, was es zu einer Art „Handelsstaat"[85] machte. Das Empire hatte jedoch den Zenit seiner wirtschaftlichen und politischen Macht bereits erreicht und war nicht an der weiteren Expansion, sondern am Erhalt seines Kolonialreichs interessiert. Es galt nur noch das bereits Erworbene zu schützen. Alles was London brauchte war Frieden.

In einer Welt, in der Grossbritannien die Weltmeere dominierte, ging von jedem Krieg die Gefahr aus, das damalige Weltsystem empfindlich zu stören. Um die Zukunft des Empire zu sichern galt es mit den ehemaligen Feinden Frankreich und Russland einen Weg zum Ausgleich zu finden. Diese beiden Mächte waren es, die mit ihrer fortschreitenden Expansionspolitik in Afrika und Asien immer wieder mit den Grenzen des britischen Empire kollidierten. Die Verhandlungen führten zu der Unterzeichnung der Entente Cordiale von 1904 und der anglo-russischen Verständigung von 1907. Diese Abkommen regelten zunächst nur die kolonialen Fragen und beinhalteten keine bindenden Beistandsabkommen. Durch eine Abgrenzung der Interessensphären wurde beabsichtigt, die Gefahr von weiteren Krisen und Konflikten, die eventuell zu Kriegen hätten führen konnten, vorzubeugen. Frankreich wollte so Russland und Grossbritannien an sich binden, um für den Kriegsfall mit dem Erzfeind Deutschland nicht allein da zustehen. Russland hatte ähnliche Motive, wobei sich St. Petersburgs Absichten mehr gegen Österreich-Ungarn richteten. Das Deutsche Reich stellte für alle Entente- Mächte eine Gefahr in Europa dar, nur Grossbritannien sah sich noch zusätzlich in seiner dominierenden Stellung als maritime Macht durch die deutsche Flotte, vor allem in der Nordsee herausgefordert. Deutschland rangierte in der Gefahrenkalkulation der britischen Elite hinter Russland an zweiter Stelle. Im Gegensatz dazu ermöglichte die Triple Entente eine Entlastung des britischen Engagements auf der Welt und zugleich eine Absicherung gegenüber dem Deutschen Reich in Europa.

Während des Krieges galt es für Grossbritannien das Bündnis straff bis zum Siegfrieden zu führen. Alle Friedensofferten wurden von London abgewehrt und die Versuchung der Bündnispartner, einen Separatfrieden mit den Mittelmächten abzuschliessen, verhindert. Um die Alliierten nicht zu enttäuschen und misstrauisch zu machen, wandelte Grossbritannien seine anfängliche Strategie der Kriegführung und schickte verstärkt eigene

---

[85] Der Begriff ist entnommen von Richard Rosecrance: Der neue Handelsstaat. Herausforderung für Politik und Wirtschaft, Frankfurt am Main 1987.

Truppen an die Westfront, die an Seite der Franzosen mitkämpfen sollten. Es galt das Bündnis über den Krieg hinaus zu erhalten. Einerseits hätte ein Sieg der Mittelmächte über die Bündnispartner das Gleichgewicht der Kräfte in Europa zerstört und somit eine grosse Gefahr für Grossbritannien bedeutet. Andererseits wiederum würde eine vernichtende Niederlage des Deutschen Reiches ein Machtvakuum entstehen lassen, das dann von den Bündnispartnern - und ehemaligen Erzfeinden - gefüllt worden wäre. Hier galt es ein Vordringen Russlands nach Mittel- und Westeuropa, sowie eine wirtschaftliche Dominierung Deutschlands und somit Mitteleuropas durch Frankreich zu verhindern. Ein Separatfrieden eines oder der beiden Bündnispartner mit Deutschland hätte Grossbritannien in Europa isoliert und so der deutschen Gefahr Preis gegeben. Ein Verhandlungsfrieden hätte wiederum den Krieg beendet, aber seinen Fortgang nur zeitlich verschoben. Ein Frieden des Status quo ante[86] war zu Anfang des zwanzigsten Jahrhunderts nicht mehr möglich. Im Zeitalter des Nationalismus, Imperialismus und Militarismus, zusätzlich durch den propagandistisch aufgestachelten Hass und beseelt vom eigenen Siegesglauben der Bevölkerung und der Militärs, schien der Fortgang des Krieges bis zur Niederlage einer Seite unvermeidlich. Ein Separatfrieden eines Bündnispartners mit Deutschland hätte auch den Nutzen einer Zusammenarbeit mit Grossbritannien wahrscheinlich geschmälert und langfristig sogar überflüssig gemacht. Damit wäre Grossbritanniens in seinem Ziel gescheitert, Frieden zu garantieren und so das Empire gegenüber den Rivalen langfristig zu schützen. So blieb der britischen Polit-Elite nichts anderes übrig als auf den Siegfrieden der Entente gegenüber den Mittelmächten zu setzen, auch wenn das bedeutete, dass Grossbritannien geschwächt aus diesem Krieg heraus gehen würde.

Die Geschichte zeigte jedoch, dass die britische Kriegsführung am Ende ihren eigenen Zielen nicht gerecht werden konnte. Die im Widerstreit der Sieger in Versailles ausgehandelte Friedensordnung brachte langfristig nicht die erhoffte Stabilität auf dem europäischen Kontinent, was einer Sicherung des Empires geholfen hätte. Eines hatten die Briten gegenüber ihrem Kriegsgegner nicht bedacht: Die Demütigung Deutschlands ohne es entsprechend zu schwächen, zeitigten enorme Rückwirkungen, was Europa kaum zwanzig Jahre später erneut in einen Weltkrieg stürzen sollte.

---

[86] Das historische Beispiel eine Status quo ante Abkommens stellte der Hubertusburger Frieden von 1763 dar, das den Siebenjährigen Krieg mit einem Unentschieden beendete. Preussen hatte sich gegenüber der Übermacht, bestehend aus Russland, Österreich, Frankreich und Schweden, behauptet und so seinen Grossmachtstatus Anerkennung verschafft.

Bibliographie:

Monographien:

- Niall Ferguson: Der Falsche Krieg. Der erste Weltkrieg und das 20. Jahrhundert, Stuttgart 1999.

- David French: British Strategy and War Aims 1914-1916, London 1986.

- Ders. The Strategy of the Lloyd George Coalition 1916-1918, New York 1995.

- Hubert Gebele: Die Probleme von Krieg und Frieden in Grossbritannien während des Ersten Weltkrieges: Regierung, Parteien und öffentliche Meinung in der Auseinandersetzung über Kriegs- und Friedensziele, Frankfurt am Main, Bern, New York, Paris, Lang 1987.

- Imanuel Geiss: Der lange Weg in die Katastrophe. Die Vorgeschichte des Ersten Weltkrieges 1815-1914, München, Zürich 1990.

- John Keegan: Der Erste Weltkrieg. Eine Europäische Tragödie, Berlin 2000.

- Henry A. Kissinger: Die Vernunft der Nationen. Über das Wesen der Aussenpolitik, New York 1996.

- V. H. Rothwell: British War Aims and Peace Diplomacy 1914-1918, Glasgow 1971.

- Gregor Schöllgen: Das Zeitalter des Imperialismus, München 1986.

- David Stevenson: The First World War and International Politics, Oxford, New York 1988.

- Hew Strachan: Der Erste Weltkrieg. Eine neue illustrierte Geschichte, 2. Auflage München 2003.

- Z. A. B. Zeman: A Diplomatic History of the First World War, London 1971.

Aufsätze in Handbüchern und Sammelbänden:

- Jost Dülffer: Der Weg in den Krieg. In: Gerhard Hirschfeld/Gerd Krumeich/Irina Renz in Verbindung mit Markus Pöhlmann (Hrsg.): Enzyklopädie. Erster Weltkrieg, 2. Auflage Paderborn 2004.

- Stig Förster: Vom europäischem Krieg zum Weltkrieg. In: Gerhard Hirschfeld/Gerd Krumeich/Irina Renz in Verbindung mit Markus Pöhlmann (Hrsg.): Enzyklopädie. Erster Weltkrieg, 2. Auflage Paderborn 2004.

- David French: Allies, Rivals and Enemies: British Strategy and War Aims during the First World War. In: John Turner (Ed.): Britain and the First World War, London, Boston 1988.

- Ders. The Meaning of Attrition, 1914-1916. In: English Historical Review 103/407, 1988.

- Mario Isnenghi: Italien. In: Gerhard Hirschfeld/Gerd Krumeich/Irina Renz in Verbindung mit Markus Pöhlmann (Hrsg.): Enzyklopädie. Erster Weltkrieg, 2. Auflage Paderborn 2004.

- Wolfgang Mommsen: Deutschland. In: Gerhard Hirschfeld/Gerd Krumeich/Irina Renz in Verbindung mit Markus Pöhlmann (Hrsg.): Enzyklopädie. Erster Weltkrieg, 2. Auflage Paderborn 2004.

- Matthias Peter: Britische Kriegsziele und Friedensvorstellungen. In: Wolfgang Michalka (Hrsg.): Der Erste Weltkrieg. Wirkung, Wahrnehmung, Analyse, München 1994.

- Peter Simkins: Britain and the First World War. A Review of Recent Historiography, In: Jürgen Rohwer (Hrsg.): Neue Forschung zum Ersten Weltkrieg. Literaturberichte und Bibliographien von 30 Mitgliedstaaten der „Commission Internationale d'Histoire Militaire Comparée", Koblenz 1985.

- Hew Strachan: Die Kriegführung der Entente. In: Gerhard Hirschfeld/Gerd Krumeich/Irina Renz in Verbindung mit Markus Pöhlmann (Hrsg.): Enzyklopädie. Erster Weltkrieg, 2. Auflage Paderborn 2004.

- Jay Winter: Grossbritannien. In: Gerhard Hirschfeld/Gerd Krumeich/Irina Renz in Verbindung mit Markus Pöhlmann (Hrsg.): Enzyklopädie. Erster Weltkrieg, 2. Auflage Paderborn 2004.